Bibliographie normande.

Si la Normandie, aujourd'hui que s'est considérablement effacé le génie des provinces, absorbé de plus en plus par l'unité nationale, si la Normandie conserve un caractère intellectuel entre ses sœurs groupées en cercle autour de la plus glorieuse qu'elles ont saluée leur reine, c'est par l'amour et l'étude de l'archéologie. Et il en devait être ainsi : le génie qui a couvert son sol et celui de l'Angleterre de monumens admirables, avait été trop vigoureux pour n'être pas vivace, et la présence de ces glorieuses merveilles devait l'alimenter long-temps encore. Il y a assurément bien loin, au point de vue de l'art, plus encore que d'après le nombre des années, entre les siècles qui ont produit les chefs-d'œuvre de l'architecture et le nôtre; mais c'est conserver la tradition des idées que d'aimer et d'admirer ce que les temps antérieurs ont produit. C'est donc le caractère de la Normandie d'aujourd'hui de cultiver passionnément l'archéologie, parce que ce fut son caractère dans le passé d'être le coin de la terre le plus habile et le plus riche dans la branche de l'art la plus grande et la plus complète, puisque les autres étaient ses servantes, l'architecture. Un autre caractère

1847

du génie normand, c'est l'activité, la recherche, l'aventure, toutefois dans un but quelque peu pratique qui valait sans doute autrefois à la province le nom de Pays de Sapience. Son humeur processive pourrait bien être considérée comme une des faces de cet esprit aventurier et conquérant, signalé par un des plus grands énénemens de l'histoire du Moyen-Age. Pour appuyer ce point de vue, nous n'irons pas chercher ses hommes d'action, qui le prouveraient avec trop d'évidence. Mais il nous semble que le génie hardi et révolutionnaire de ses littérateurs et de ses savans, Malherbe, Corneille, Laplace, Fontenelle, par exemple, en fournirait une démonstration aussi complète. Pour son caractère archéologique, la province qui a les de Gerville, les Prévost, les Deville, les de Caumont et la Société des Antiquaires de Normandie, peut se poser au premier rang dans la science, comme elle peut prendre le premier rang dans l'art avec St-Ouen, la cathédrale de Rouen, St-Etienne de Caen, la cathédrale de Coutances et le Mont St-Michel.

Il ne sera peut-être pas sans intérêt en soi, sans utilité pour la science elle-même et pour ses amis, d'étudier de temps en temps les œuvres d'archéologie et de littérature qui pourront se produire dans cette féconde province de Normandie, et d'aider quelque peu à l'expansion de la vie intellectuelle, dont la concentration rompt l'équilibre qui doit régner entre toutes les parties d'un corps bien organisé.

M. Alphonse Le Flaguais associe la poésie et l'archéologie. Ses *Neustriennes* (1), parvenues à une nouvelle édition, sont un recueil de chroniques, de légendes et ballades, dont l'unité est la Normandie et l'amour d'un passé plein de gloire et de merveilles. Si le passé est le domaine de la science, comme l'introduction à la connaissance du présent et de l'avenir, il n'est pas moins le domaine de la poésie, qui n'en doit pas faire son idolâtrie, puisqu'il n'est plus l'idée vivante, mais qui y retrouve des élémens de vérité artistique ou humaine, germes qui écloront ou se combineront dans l'avenir, parce qu'ils sont éternels. D'ailleurs l'étude du passé devient surtout un besoin, quand le présent, comme le nôtre, n'est pas en possession des grands élémens qui constituent la vie complète de l'humanité. Aussi est-ce vers l'art et la foi que M. Le Flaguais se retourne le plus souvent, et cela non pas avec l'amer dédain du

____

(1) Un vol. in-12, chez Lance, rue du Bouloy.

présent, mais avec un adieu mélancolique et suave ; et , comme il le dit lui-même : « L'auteur n'a pas cherché à pallier les fautes de nos pères, à excuser leurs erreurs. Il s'est efforcé d'être vrai, de l'être même dans le merveilleux. Il a vécu quelques jours au milieu d'un monde enchanté qui n'est plus, et il vient raconter ce qu'il en a appris. » Il est en effet allé dans ce monde, non pas sur les ailes de la fantaisie, mais conduit par les hommes mêmes qui y vécurent en réalité, c'est-à-dire les historiens contemporains, et il peut dire avec un de ces trouvères, dont il est un descendant :

> « Les aventures trépassées
> Que diversement ai contées
> Nes ai pas dites sans garant. »

Notre Avranchin ne pouvait être oublié dans les *Neustriennes :* le Mont St-Michel et Tombelaine sont chantés, le premier dans une belle poésie de ce nom, inspirée en partie par les beaux vers de M. Wiffen, et l'autre dans la ballade d'*Hélène* et de *Montgommery.* C'est une nouvelle illustration littéraire à ajouter à notre glorieuse montagne, honorée encore dans ces derniers temps par les vers d'un illustre poète allemand, Uhland. M. Le Flaguais s'est fait une belle place parmi les poètes de la Normandie : les solennités scientifiques de cette province associent souvent ses poésies avec leurs savans Mémoires, et sa muse douce et naïve, fille pure et sage de l'école moderne, par la chasteté de ses chants, la sensibilité de son cœur et la variété de ses tons, doit plaire à tous les âges, tous les goûts, toutes les écoles.

Un homme qui associe le sentiment et l'imagination à une vaste science, qui a contracté des liens avec l'Avranchin par son Fragment intitulé : *Le Mont Saint-Michel,* vient de les resserrer encore par la publication d'un poème manuscrit de la bibliothèque d'Avranches : *La Mort du roi Sweyne, publiée par l'éditeur du Roman de Robert-le-Diable* (1). M. Trébutien, que désigne cette antonomase, ajoute par ce petit poème une fleur à cette couronne qu'il tresse avec les poésies du Moyen-Age, et où brillent déjà *Robert-le-Diable,* le poème de l'*Immaculée Conception,* de Robert Wace, etc. Le manuscrit d'où le poème du *Roi Sweyne* est tiré est un petit in-4°, au n° 1682, copié par un prieur du Mont St-Michel, en 1423. La science de l'éditeur, la compa-

____

(1) Caen. Hardel.

4

raison qu'il fait de son texte avec des fragmens du même poème publiés antérieurement, son exactitude bien connue, nous donnent pleine confiance dans la fidélité de la copie. Nous croyons qu'il a réalisé les excellens principes qu'il pose en tête de ce poème, qui a été pour ainsi dire, fac-similé par les caractères gotiques qu'a employés l'éditeur: « La copie du texte est aussi fidèle que l'a permis le caractère gothique dont nous nous sommes servi, mais qui est malheureusement privé de signes d'abréviation. Un caractère conforme en tout à celui des éditions d'Antoine Verard et de Galiot du Pré, est le seul, selon nous, que l'on devrait employer lorsqu'on publie pour la première fois des poèmes du Moyen-Age. Avec l'orthographe moderne et l'introduction des accens, souvent on défigure ou l'on estropie les vers. Reproduire exactement les manuscrits, c'est à quoi l'on doit s'attacher. » Nous voudrions donner par un specimen quelque idée de ce poème, mais c'est une légende ou récit tout en faits, dont il est difficile de détacher quelque chose. La citation du titre « *Comment le Roi Souvain fut mort qui voult tailler l'église Saint-Emont et soumettre à treu* », suffira pour donner une idée du contenu, et les quelques vers suivans pour donner une notion du mètre et de la morale du poème :

> « Assez souvent voit len cheoier
> Les orguilleux en grant pouerte
> Et en prent Dieu veniance aperte
> Pour les poures quil on greuez. »

Ce petit livre, en format in-24 carré, tiré à 120 exemplaires, deviendra un jour précieux, comme le *Brummell* ou le *Dandysme*, ce livre si distingué de M. Jules Barbey, publié par le même éditeur et dans le même format.

Il y a deux ans, le conseil général de la Manche honora de sa souscription un ouvrage de poésie religieuse, composé par un commis de la marine à Cherbourg, M. Digard, et intitulé *Visions d'un Poète, poème en vingt chants* (1). Cette série de visions, de prophéties, d'apocalypses ne s'harmonisent pas dans une unité symétrique; mais l'unité du livre est la pensée qui l'a inspiré : « Malgré les symptômes alarmans qui se manifestent de toutes parts, dit l'auteur, la Providence, dans ses impénétrables desseins, appelle encore le catholicisme à la régénération de l'avenir; et cette

(1) Cherbourg. Un vol. in-18. Noblet.

conviction, fruit de nos études et de nos observations en cette matière, nous a déterminé à composer les *Visions d'un Poète.* » L'inspiration élevée, l'énergie parfois, la richesse souvent, donnent beaucoup de distinction à ce poème, où le mouvement dramatique, la variété des idées et du rhythme pourraient animer plus souvent la contemplation lyrique, et jeter la vie dans les monotones spectacles de l'extase et les sentences de la prophétie.

On sait que la plupart des poètes ont été malheureux : ce fut sans doute la raison de leur génie. Il est certain du moins que la douleur est une muse, et que l'âme ne peut guère être profonde, si elle n'a été creusée par le malheur. Nous avons sous les yeux des vers qui nous intéressent à plusieurs titres. Nous y trouverions des larmes réelles, encore que nous ne saurions pas la douloureuse histoire de leur auteur. Ensuite ces vers, imprimés sur des feuilles volantes, par l'auteur même, qui a trouvé plus court de les imprimer que de les écrire, destinés à quelques rares amis, nous plaisent par cette modestie, si rare en ce temps où les poètes étalent leur vie réelle et leur histoire intime. Aussi, bien qu'il y ait un nom au bas de ces feuilles simples, d'une exécution rapide et quelquefois incorrecte, ne croyons-nous pas avoir le droit de le révéler au public, et de dévoiler les mystères d'une âme qui n'a eu, sans doute, d'autres confidens que l'amitié et la famille. Enfin l'auteur appartient à Avranches. Ce que nous croyons pouvoir nous permettre, c'est d'en citer quelques vers, parce qu'ils n'ont qu'une signification générale, et parce qu'il y en a de remarquables par la beauté et par l'énergie. Nous remarquons ces vers placés dans une espèce d'introduction :

> ... Car c'est la vie, Aimer ! le bien de là découle.
> Ce n'est que par le cœur que l'on sort de la foule.
> C'est la seule vertu qui de tout nous tient lieu :
> Si Dieu n'aimait pas tant, il ne serait pas Dieu !

Un épanchement à l'amitié, intitulé *Espère,* se termine par ce vers :

> L'amitié ! c'est l'amour que l'on ressent au ciel !

Nous détacherons de la *Rêverie,* un fragment qui donne une idée de l'inspiration générale des vers de celui qui a souffert :

> N'est-il donc à ma voix nulle voix qui réponde !
> Es-tu donc un cercueil, solitude profonde,
> Où, depuis si long-temps, dorment mes passions ?

Sans but sont mes pensées, sans but mes actions.
Vainement envers moi le sommeil est prodigue ;
Mes nuits sont sans repos , et mes jours sans fatigue !
Autrefois je pleurais, mes pleurs ne coulent plus.
Mon désespoir tranquille est sans flux ni reflux.
Mes peines d'aujourd'hui sont celles de la veille :
Tristement je m'endors, tristement je m'éveille.
D'un pas lent, mais égal , je creuse mon sillon.
J'ai su de la douleur émousser l'aiguillon !
Vivre ainsi, c'est dormir sur son lit mortuaire !
Je crois sentir parfois les plis de mon suaire.
Mais non , à mes regards je vois s'enfuir le port...
Elle a ses préférés comme une autre, la Mort !

Mais nous aimons mieux la pièce suivante :

O ma mère , ô ma sœur, à me suivre empressées,
Vous savez tous mes pas et toutes mes pensées,
Oh oui ! je pense à vous, et je bénis le jour
Où vous me donnerez le baiser du retour.
Où pour me reposer de ma course inconstante,
A votre seuil aimé j'irai ployer ma tente,
Où je viendrai vers vous, aimé comme au départ,
D'oubli, d'ombre et de paix redemander ma part.

Il y a deux manières d'envisager le monde : à un point de vue on est frappé de l'imperfection, du détail, de l'accident, toutes choses médiocres, laides ou mauvaises, œuvres de l'homme. A un autre, on regarde la généralité, la loi, l'œuvre de Dieu, choses nécessaires, belles et grandes. La vapeur est un de ces grands faits qui apparaît sous cette double face, suivant le point de vue et la grandeur d'esprit du contemplateur. Cette force qui modifie le monde en ce moment, et qui, née d'hier, est encore si grande d'avenir, la vapeur a été chantée en beaux vers par M. Julien Travers qui l'a contemplée au point de vue providentiel. Tel est le côté philosophique de sa poésie, intitulée *Salomon de Caus, ou la Découverte de la Vapeur* (1). Le côté historique est de rendre à la France la découverte de cette puissance que fit un Normand de Dieppe , et qu'il révéla dans son livre *la Raison des Forces mouvantes* en 1615. Le pauvre Salomon, méconnu , méprisé, mourut à Bicêtre où on l'enferma comme fou. Les Anglais attribuent la découverte de la vapeur à Worcestre , qui l'a indiquée dans son livre, *Century of inventions*, publié en 1663 ; mais comme on le voit , l'ouvrage de Salomon a précédé de 48 ans celui de l'auteur anglais. Le tableau de Salomon en pri-

(1) Caen. Hardel.

son, son monologue sur la puissance du génie, la ré-
vendication de la découverte en faveur de la France,
l'avenir de l'humanité, sont les principaux points de
vue de la poésie de M. Travers, développés en beaux
vers, où la fermeté et la vigueur d'un style, quelquefois obligé d'être technique, s'associe avec une poétique inspiration.

Un élève de l'école des Chartes, M. Delisle, de Valognes, a fait une découverte, très-intéressante pour
l'histoire et la littérature, et qui touche spécialement
à l'Avranchin. On connaissait *les Rôles des Morts*, espèce
de *lettres de faire part*, employées au Moyen-Age.
Quand un personnage illustre était mort, des moines
partaient avec un rôle en parchemin sur lequel le dé-
cès était relaté, avec la charge de le présenter dans
des monastères, et d'y recevoir quelques lignes qui
attestaient que leur mission avait été remplie. Souvent
le Rôle devenait un Album, sur lequel on inscrivait
quelques pensées. Le Rôle de saint Vital, fondateur de
Savigny, fut présenté au couvent d'Argenteuil dont la
célèbre Héloïse était abbesse. Une pièce de vers, pro-
bablement due à cette femme si étonnante par son
cœur et son esprit, fut inscrite sur le Rôle, dont
M. Delisle a fait la découverte et dont il a fait l'analyse
avec une rare érudition (1). Voici les vers d'Héloïse :

> *Flet pastore pio grex desolatus adempto :*
> *Soletur miseras turba fidelis oves.*
> *Proh dolor ! hunc morsu sublatum mortis edaci*
> *Non dolor aut gemitus vivificare queunt.*
> *Ergo quid lacrymæ ? Quid tot tantique dolores*
> *Prosunt ? Nil prodest hic dolor, imo nocet.*
> *Sed licet utilitas ex fletu nulla sequatur,*
> *Est tamen humanum morte dolere patris.*
> *Est etiam gaudere pium, si vis rationis*
> *Tristitiæ vires adnihilare queat.*
> *Mors etenim talis, non mors sed vita putatur ;*
> *Nam moritur mundo, vivit et ipse Deo.*
> *Ores pro nobis ; omnes oremus ut ipse*
> *Et nos ad Christum perveniamus. Amen.*

M. Louïse, d'Avranches, a publié deux *Notices biographiques*, l'une sur Collet-Descostils, un savant de
Caen, qui fut membre de l'Institut d'Egypte, ingénieur
en chef et professeur à l'Ecole des Mines ; l'autre sur
Bourgueville de Bras, ce curieux archéologue du xvie

____

(1) *Des Monumens paléographiques concernant l'usage de
prier pour les morts*, in-8°, 51 pages, et dans la *Bibliothèque de
l'Ecole des Chartes.*

8

siècle (1). Celle-ci semble être comme un hommage à
la Société scientifique d'Avranches, l'auteur la signant
avec le titre de membre de la Société d'Archéologie
d'Avranches. Par ce double travail, M. Louïse a sa-
tisfait à une double tendance, résultat de la double
direction de ses études : il a fait une Notice scientifique et une Notice littéraire, l'une écrite d'un style
ferme et exact ; l'autre avec élégance et avec le sentiment d'une délicate critique. On doit applaudir aux
travaux biographiques : presque tous en province ayant
pour objet de mettre en lumière des mérites qui n'ont
pas le grand éclat de l'histoire, sont souvent l'unique
hommage et l'unique souvenir de la postérité.

Sous ce titre *Un Collége* (2), vient de paraître un discours de distribution de prix, par M. l'abbé Lalmand,
régent d'histoire au collége de Saint-Lo. Une peinture
profonde et poétique de la vie du collége et de son
heureuse influence dans la formation de l'homme,
l'esquisse de l'histoire du collége de St-Lo, et l'énuméra-
tion détaillée des hommes distingués qu'il a produits,
l'éloge du travail et l'amour de la Patrie, forment les
trois principaux points de vue de ce discours judi-
cieusement pensé et brillamment écrit, où l'enseigne-
ment universitaire est compris comme une grande et
belle organisation, où le rôle du professeur est élevé à
la hauteur de la mission sociale la plus sacrée, où de
nobles pensées et un style précis et brillant à la fois
s'associent pour former une œuvre distinguée. Nous
en détacherons un fragment sur la vie de collége, que
développe l'émulation, ce mobile secondaire, mais
nécessaire dans un âge qui ne comprendrait pas l'ab-
solu et l'idéal assez vivement pour les faire passer
dans la réalité.

« Un collége diffère essentiellement du foyer domes-
tique. Il y a dans cette vie commune un mélange de
liberté et de soumission qui dispose admirablement le
jeune homme aux grandes épreuves de la vie ; c'est
dans de moindres proportions, la société humaine avec
ses dangers, ses obstacles, ses labeurs et ses joies, c'est
un petit monde où les caractères se dessinent, où les
prétentions commencent, où l'attaque et la résistance
s'organisent. Ce premier contact des vanités et des pas-
sions fait déjà de la vie un combat d'où l'on sort vain-
queur plus par la prudence que par la force. La mo-

(1) Caen, chez Laporte et chez Hardel.

(2) Valognes, Bondessein ; St-Lo, Rousseau.

dération devient une nécessité , là ou l'isolement n'eût produit que la licence. Le respect de soi comprime les mauvais penchans, et si les vices viennent à surgir, ils apprennent à se corriger par la censure. Il y a dans le jeune âge une justice qui ne fléchit pas. J'ai vu des enfans indomptables aux punitions du maître céder à la sévérité taquine des camarades. Le collége est excellent pour réprimer l'orgueil et pour vaincre la timidité ; il fait le caractère, il trempe l'âme, il développe et règle la volonté en excitant cette émulation pour le bien, cette ardeur jalouse de l'estime publique, cette soif des succès légitimes, qui seules peuvent inspirer les grandes choses. Et quelles semences de vertus une éducation douce parce qu'elle est paternelle, sage parce qu'elle est religieuse, forte parce qu'elle est commune, puissante parce qu'elle tient ses droits de la famille et de l'état, ne doit-elle pas faire germer dans de jeunes âmes? Elle dispose de tous les moyens d'influence et d'action ; elle peut tout pour le bien , si elle comprend la grandeur de sa mission, la gravité de ses devoirs. »

Nous connaissons M. Laisné comme auteur de ces monographies archéologiques qui sont des modèles de critique et de précision : chacun de ces fragmens est l'élucidation complète d'une question , qui sort de ses mains claire et polie et achevée, comme le caillou brut sort, taillé à facettes, des mains du lapidaire. Le professeur de mathématiques vient de publier un ouvrage sur lequel nous ne pouvons avoir que les plus favorables présomptions. Pour son appréciation, nous avons réclamé les lumières d'une autorité compétente:

«Sous le titre de *Notions essentielles d'Algèbre, à l'usage des élèves de philosophie et d'humanités* (1), M. A. M. Laisné vient de publier un petit ouvrage qui se distingue de toutes les autres publications du même genre, en ce que l'auteur, dépassant les étroites limites du programme officiel du baccalauréat, y a exposé certaines questions nécessaires pour donner une idée suffisante de la science à ceux qui l'étudient. Ainsi, M. Laisné a donné l'interprétation des quantités négatives, et des formes singulières que prennent les racines des équations, suivant les relations particulières qui unissent les quantités qui les composent, et la résolution des équations binôme, bicarrée et exponentiel. L'ouvrage de

(1) Avec cette épigraphe : *Prodesse spes est et unus mihi labor.* Paris, Bachelier, Delalain, Hachette, et chez les libraires d'Avranches, prix 75 c.

10

M. Laisné a été favorablement apprécié par un savant professeur, M. O. Terquem. »

Nous nous plaisons à citer le jugement général de ce dernier : « Les ouvrages bien écrits se lisent vite ; j'ai parcouru promptement cet *exposé substantiel* de l'Algèbre élémentaire. Il peut servir aux humanistes à repasser *rationnellement* les connaissances qu'on leur a enseignées et sur lesquelles ils auront à répondre. Rien d'essentiel n'est omis ; les énoncés, quoique resserrés, sont très-intelligibles : c'est le caractère d'une bonne rédaction.... M. Laisné, fidèle à sa devise, a fait un ouvrage utile (1). »

Les lecteurs du *Journal d'Avranches* connaissent déjà une partie du poème de Mignon, par M. Paul Blier, professeur au collége de Valognes. La troisième partie a été adressée à la Société d'Archéologie, et le poème entier vient de paraître (2). Il est dédié à Goethe, *ombre à l'œil triomphant et serein.*

> — Comme un ramier qu'un aigle abrite sous son aile,
> Je protége mon vers de ton nom souverain.

Une jeune âme qui s'ouvre à la vie par le sentiment de la nature, et l'intelligence des bruits, et des spectacles de la terre et de la mer, qui de l'aperception du beau terrestre s'élève à l'idéal et se prédispose à l'amour, l'amour enfin, mais un amour sans voix enseveli dans le cœur ; un amour sans espoir, mais chaste et presque religieux, enfin la mort, à la suite des ravages d'une pensée qui se consume elle-même, et se révèle vaguement dans l'adieu, telle est la simple trame de Mignon. Mais la vraie valeur du poème c'est dans la peinture des scènes de la nature, et de la vie d'un cœur riche d'idéal, c'est dans la délicatesse des sentimens, l'élévation des idées, le charme du rythme, le mouvement de la pensée, et de toutes ces qualités d'élite qui font du poème de M. Blier une œuvre de haute distinction, et le font rentrer dans cette poésie supérieure non-seulement qui parle, mais qui chante et s'enveloppe pour ainsi dire d'un parfum, poésie encore plus puissante par les idées qu'elle inspire que par celles qu'elle exprime, et qui met les facultés du lecteur dans une heureuse harmonie en leur donnant une complète satisfaction.   ED. LE HÉRICHER.

_____

(1) *Nouvelles Annales de Math.*, juin

(1) Caen. Hardel.

www.ingramcontent.com/pod-product-compliance
Lightning Source LLC
LaVergne TN
LVHW050226060726

842525LV00007B/2547